Walther von Conta, Walther von Conta

Die Verplichtungsfähigkeit Minderjähriger gegenüber Schuldverträgen

Walther von Conta, Walther von Conta

Die Verplichtungsfähigkeit Minderjähriger gegenüber Schuldverträgen

ISBN/EAN: 9783743491601

Hergestellt in Europa, USA, Kanada, Australien, Japan

Cover: Foto ©Suzi / pixelio.de

Manufactured and distributed by brebook publishing software (www.brebook.com)

Walther von Conta, Walther von Conta

Die Verplichtungsfähigkeit Minderjähriger gegenüber Schuldverträgen

Die Verpflichtungsfähigkeit Minderjähriger gegenüber Schuldverträgen.

Inaugural-Dissertation

zur

Erlangung der juristischen Doctorwürde

der juristischen Fakultät der Georg-August-Universität

zu Göttingen

vorgelegt

von

Walther von Conta,
Gerichtsreferendar.

Göttingen,
Druck der Univ.-Buchdruckerei von W. Fr. Kästner.
1891.

Seinem teuren Vater,

dem

Königl. Generalmajor z. D., Ritter hoher Orden

Herrn

Richard von Conta

in Liebe und Dankbarkeit

der Verfasser.

Inhalt.

§ 1. Einleitung.................................. S. 1.
§ 2. Abgrenzung der Aufgabe .... » 1.

I. Theil. Justinianisches Recht.
Abschnitt 1. Anerkannte Rechtssätze.
  § 3. Das römische Recht in seiner Entwicklung bis auf Justinian......... » 4.
  § 4. Das Resultat in seiner Anwendung auf's Thema............. » 6.
Abschnitt 2. Streitfrage, die Minderjährigen unter Generalkuratel betreffend.
  a. Die eine Partei und ihre Gründe.
    § 5. Als richtig zu erachtende Sachgestaltung. » 7.
    § 6. Zustimmende Rechtslehrer...... » 10.
  b. Die andere Partei u. Versuch ihrer Widerlegung.
    § 7. Hauptstreitpunkt.......... » 10·
    § 8. v. Jhering............ » 11.
    § 9. Ubbelohde.   .... » 16.

II. Theil. Heutiges Recht.
Abschnitt 1. Gemeines Recht.
  § 10. Weitere Entwicklung des Justinianischen Rechts im gemeinen Recht .. » 18.
  § 11. Beurteilung des Resultates und die danach im weiteren zu beobachtenden Gesichtspunkte.......... » 21.

Abschnitt 2. Partikularrecht.

§ 12. Preussisches Recht. . . . . S. 22.
§ 13. Code Napoléon. . . . . » 25.
§ 14. Schweizerisches Obligationenrecht. . . » 27.
§ 15. Sächsisches bürgerliches Gesetzbuch. . » 27.
§ 16. Oesterreich. bürgerliches Gesetzbuch . » 28.
§ 17. Entwurf eines bürgerlichen Gesetzbuches für das Deutsche Reich. . . . . » 29.

Verzeichniss
der bloss dem Namen nach angezogenen Autoren.

Arndts, Pandekten. 1886.
Brinz, Pandekten. 1857.
Puchta, Institutionen. 1875.
v. Vangerow, Pandekten. 1863.
Windscheid, Pandekten. 1887.
Kraut, Vormundschaft. Bd. II. 1847.
Dollmann, Tutel und Cura in Blättern für Rechtsanwendung. Bd. XIV. 1849.
v. Jhering. Jahrbücher für die Dogmatik. Bd. XII. 1873.
Huschke, vermögensrechtliche Handlungsfähigkeit des mündigen Minderjährigen etc. in Zeitschrift für Rechtsgeschichte. Bd. XIII. 1878.
Ubbelohde, Handlungsfähigkeit des Prodigus etc. in Zeitschrift für Privat- und öffentliches Recht. Bd. IV. 1877.
v. Savigny, vermischte Schriften. II. Schutz der Minderjährigen. 1850.
Marezoll in Linde's Zeitschrift für Civilrecht und Prozess. Bd. II. 1829.
Pfeiffer, praktische Ausführungen. Bd. VII. 6.
Zitelmann in Bekker und Fischer's Beiträgen zur Erläuterung und Beurteilung des Entwurfs etc. Heft 7.

§ 1. Einleitung.

Die Reichs-Civilprozess-Ordnung sagt im § 51. Abs. 1.: »Eine Person ist insoweit prozessfähig, als sie sich durch Verträge verpflichten kann«. Danach fordert das formelle Recht als Voraussetzung der Prozessfähigkeit die volle Verpflichtungsfähigkeit. Welche Personen aber und in wieweit sie volle Verpflichtungsfähigkeit besitzen, das zu bestimmen ist Aufgabe des materiellen Rechtes.

Ferner sagt die Allgemeine Deutsche Wechsel-Ordnung im § 1: »Wechselfähig ist jeder, welcher sich durch Verträge verpflichten kann«. Danach ist die volle Verpflichtungsfähigkeit ebenfalls Bedingung der Wechselfähigkeit einer Person.

Es ist daher von hoher praktischer Bedeutung zu untersuchen, welche Stellung das materielle Recht den Minderjährigen in Beziehung auf ihre Verpflichtungsfähigkeit durch Verträge und zwar speziell durch Schuldverträge angewiesen hat.

Die Stellung der Minderjährigen in dieser Beziehung hat eine lange Entwicklungsgeschichte, und es ist daher erforderlich, bevor wir an die Untersuchung des heutigen Rechts herantreten, die Frage aufzuwerfen, wieweit hatte sich bis Justinian die Stellung der Minderjährigen als eine besondere ausgebildet; also: Kann sich nach Justinianischem Recht ein Minderjähriger durch Schuldverträge verpflichten?

§ 2. Abgrenzung der Aufgabe.

Hinsichtlich der Begriffe »Schuldverträge« und »Minderjährige« sind noch erst mit einigen Worten die Grenzen zu zeichnen, in denen sich die folgende Abhandlung bewegen soll.

Unter »Schuldvertrag« verstehen wir die gegenseitig erklärte Einigung des Willens verschiedener Personen, welche auf Begründung einer Verpflichtung der einen oder beider zu einer obligatorischen Leistung gerichtet ist. — Arndts § 231 —. »Minderjährige« sind nach römischem und gemeinem Recht alle Personen bis zum vollendeten 25sten Lebensjahre. Das Preuss. Allgemeine Landrecht bestimmte im Theil I Tit. 1 § 26 das vollendete 24ste Lebensjahr als Termin für den Eintritt der Grossjährigkeit, ebenso das Oesterreichische bürgerliche Gesetzbuch im § 21. Auf Grund des Gesetzes vom 9. Dezember 1869 über das Alter der Grossjährigkeit tritt aber in Preussen seit dem 1. Juli 1870 die Volljährigkeit schon mit dem vollendeten 21sten Lebensjahre ein, mit dem »zu seinen Tagen kommen« des Sachsenspiegels, wie es der Code Napoléon im Art. 488 und das Sächsische bürgerliche Gesetzbuch im § 47 ebenfalls besitzen. Dementsprechend hat das Reichsgesetz vom 17. Februar 1875 einheitlich für das deutsche Reich das vollendete 21ste Lebensjahr als Termin für den Eintritt der Grossjährigkeit eingeführt. Unter diesen Minderjährigen werden nun wieder infantes bis zum vollendeten 7ten, impuberes infantia maiores bis zum vollendeten 14ten beziehungsweise 12ten Lebensjahre und von da ab puberes minores — XXV annis — unterschieden. Diese Minderjährigen werden im folgenden nicht nach allen Seiten hin behandelt werden, und es sind daher noch gewisse Punkte auszuscheiden. Unberührt bleiben die Fähigkeit der Minderjährigen zur Eheschliessung, Testamentserrichtung, Erbschaftsantretung und Eidesleistung, ihre Haftung aus ausserkontraktlichen Verhältnissen und Delikten, ebenso die Folgen der etwa dem Minderjährigen erteilten venia aetatis. Nur hinsichtlich ihrer Fähigkeit, sich durch Schuldverträge selbstständig zu verpflichten, sollen die Minderjährigen hier behandelt werden, und wir werden unter Ausschluss auch der vielumstrittenen negotia claudicantia lediglich die Frage erörtern, ob und inwieweit auf Seite der Minderjährigen durch selbstständig eingegangene Schuldverträge eine Verpflichtung entstehen kann.

Bezüglich der Behandlung des Justinianischen Rechts sei endlich noch erwähnt, dass wir der vormundschaftlichen Beschränkung der Frauen, soweit sie für die weiblichen Minderjährigen in Betracht käme, nicht gedenken wollen, auch auf die durch die patria potestas und das väterliche Verwaltungs- und Niessbrauchsrecht am Kindesvermögen bedingte Sonderstellung der Minderjährigen in patria potestate nicht näher eingehen, sondern vorzüglich von Minderjährigen sui juris reden wollen.

Für das Justinianische Recht lässt sich die Frage nach der selbstständigen Verpflichtungsfähigkeit minderjähriger Personen leicht erledigen in Beziehung auf die infantes und die impuberes infantia majores. Beide stehen schon im römischen Recht von rechtswegen unter Tutel und zwar mit der Wirkung, dass infantes, wie auch heute noch Kinder vor vollendetem 7ten Lebensjahre, nur durch ihren Tutor rechtlich bedeutsam handeln können, impuberes infantia majores dagegen nur Rechtsgeschäfte, die ihnen lediglich Vorteil bringen, giltig vornehmen können und in allen andern Fällen an die autorisierende Mitwirkung des Tutors gebunden sind. Beide Kategorien besitzen anerkannter Massen nicht die Fähigkeit sich durch Schuldverträge zu verpflichten, und es stehen daher für das Justinianische Recht nur noch die puberes minores in Frage. In Beziehung auf das heutige Recht wird in den meisten modernen Gesetzgebungen übrigens nur noch zwischen Minderjährigen vor und solchen nach vollendetem 7ten Lebensjahre unterschieden.

I. Theil.
Justinianisches Recht.
Abschnitt 1: Anerkannte Rechtssätze.

§ 3. Das römische Recht in seiner Entwicklung bis auf Justinian.

Wenn wir also mit dem Justinianischen Recht beginnen, so werden wir finden, dass der Anfang der vollen Handlungsfähigkeit auf ein verhältnismässig frühes Alter gelegt ist. Unsere Quellen belehren uns in l. 3 Cod. quand. tut. vel curat. 5,60 und pr. Just. quib. mod. tut. fin. 1,22, dass männliche Personen mit vollendetem 14ten, weibliche mit vollendetem 12ten Lebensjahre die Pubertät erreichen, und es ist unbestritten, dass ursprünglich diese Mündigkeit die Person mit derselben Vollkommenheit der Handlungsfähigkeit beschenkte, wie sie selbst dem erfahrensten, gereiftesten Römer zustand.

Mochte man schon früh die Gefahr erkannt haben, die für den Mündigen selbst in seiner Freiheit schlummert, so hat sich doch nur langsam die Wandlung vollzogen, welche wir heute in der Stellung eines solchen Mündigen erkennen.

Diese Entwicklung, welche nach unserer Ansicht nicht schon im Justinianischen Recht ihren, dem heutigen Rechte entsprechenden Abschluss fand, ist nunmehr zu schildern. Den Anfang bildet jedenfalls die lex Plaetoria, etwa aus der Mitte des sechsten Jahrhunderts der Stadt — P u c h t a, Institut. II. § 209 h —, indem sie bekanntlich durch ihre Hervorhebung des »minor XXV annis« eine Altersperiode feststellte, welche mit Eintritt der Mündigkeit beginnend, bis zum vollendeten 25sten Lebensjahre laufend die »Minderjährigkeit« im technischen Sinne darstellt. Alle Personen dieses Alters, die »mündigen Minderjährigen« schienen eines Schutzes bedürftig zu sein. Diesen Schutz suchte ihnen die lex Plaetoria zu gewähren durch ein Verbot, den Minderjährigen sich dolo malo durch Stipulation zu verpflichten. Nach Huschke S. 316 richtete sich dieses Verbot schlechthin gegen das obligieren der Minderjährigen im passiven Sinne. Ferner verhängte die lex eine Strafe über den Betrüger des Minderjährigen und erteilte eine exceptio dem betrüglich behandelten Minderjährigen selbst. Weil das obige Verbot als lex imperfecta die Uebertretung desselben nicht mit Nichtigkeit des eingegangenen Rechtsgeschäftes belegte, bietet es in Verbindung mit der Strafe, der exceptio und dem allerdings sehr umstrittenen curator ex lege Plaetoria dem Minderjährigen gegen böswillige Schädigung von aussen her Schutz, ohne ihn dabei rechtlich in seiner Handlungsfähigkeit zu beschränken. Den Minderjährigen nun aber auch gegen einen nicht minder gefährlichen inneren Feind, gegen seinen eigenen Leichtsinn und Unverstand zu schützen, war Zweck und Ziel der ungefähr aus dem Ende des siebenten Jahrhunderts der Stadt stammenden in integrum restitutio, ein Rechtsinstitut, welches den Minderjährigen nicht nur im Falle einer betrüglichen Uebervorteilung, sondern wegen jeder Benachteiligung in den Zustand vor Eingehung des benachteiligenden Rechtsgeschäftes zurückversetzte. Ebensowenig aber, wie die in integrum restitutio, enthielt die durch Mark Aurel eingeführte, allgemein zulässige Generalkuratel der Minderjährigen eine rechtliche Beschränkung der Handlungsfähigkeit derselben, da es ja ganz dem Minderjährigen überlassen blieb, ob er sich selbst einen solchen Kurator erbitten wollte, und selbst wenn er dieses that, beschränkte ihn der bestellte Kurator unserer Ansicht nach nur hinsichtlich der Veräusserung und Verwaltung seines Vermögens, so dass der Minderjährige im übrigen sich dennoch durch Schuldverträge verpflichten konnte. Eine wirkliche Beschränkung der Handlungsfähigkeit trat erst ein in Folge derjenigen Bestimmungen, welche in einzelnen, besonderen, jedenfalls durch ihre Wichtigkeit und Gefährlichkeit ausgezeichneten Fällen die Mitwirkung eines ad hoc zu bestellenden Kurators ausdrücklich forderten. So bedurfte der Minderjährige des Konsenses eines Kurators stets zur Prozessführung: l. 2 Cod. qui legit. pers. 3,6; l. 1 Cod. qui dare tut. 5,34; zur Bestellung einer dos: l. 61 pr. de jur. dot. 23,3; einer propter nuptias donatio: l. 28 Cod. de jur. dot. 5,12; und zur Arrogation: l. 8 D. de adopt. 1,7; l. 5,3 l. 5 in fin. Cod. de auct. praest. 5,59. Ferner ist den Minderjährigen allgemein und auch ihren etwa bestellten Generalkuratoren verboten, Mündelgüter, welche Einkünfte gewähren, zu veräussern, falls nicht der Vater letztwillig oder die Obrigkeit causa cognita Genehmigung erteilt haben. L. 1, 2 D. de reb. cor. 27,9; l. 7 u. 17 Cod. de praed. vel. al. reb. 5,71, l. 11 D. eodem 27,9; l. 5 pr. l. 7, 3 D. eodem. Dieses Verbot wurde als lex perfecta aufgefasst. — Huschke S. 355. —

§ 4. Das Resultat in seiner Anwendung auf's Thema.

So fand Justinian die Sachlage vor; er seinerseits hat, in weiser Klugheit, wie die Einen rühmen, oder in arger Verkennung seiner Pflichten, wie die Andern ihm vorwerfen, nichts an dem Prinzip geändert, dass die Minderjährigen nach erreichter Mündigkeit mit Ausnahme der vom Gesetze besonders bezeichneten Fälle volle vermögensrechtliche Handlungsfähigkeit besitzen, dass ihnen daneben aber, als noch der Hilfe bedürftig, angemessene Schutzmittel erteilt waren, durch welche sie sich selbstständig gegen alle Gefahren vertheidigen sollten, die ihnen aus ihrer Jugend und aus ihrer Unerfahrenheit erwachsen könnten.

Demnach scheint ohne Weiteres die Frage nach der Verpflichtungsfähigkeit mit »Ja« beantwortet werden zu können, aber wir müssen uns zuvor noch mit einer hier anknüpfenden Streitfrage auseinandersetzen, um auch noch ausdrücklich die Minderjährigen, welche sich einen Kurator haben bestellen lassen, mit Rücksicht auf ihre Verpflichtungsfähigkeit durch Schuldverträge in dieses »Ja« einschliessen zu können.

Abschnitt 2: Streitfrage, die Minderjährigen unter Generalkuratel betreffend.

a. Die eine Partei und ihre Gründe.

§ 5. **Als richtig zu erachtende Sachgestaltung.**
Während wir bisher auf einem allgemein ziemlich sicheren Boden wandelten, betreten wir nunmehr das Gebiet der sehr umstrittenen Frage, ob nach Justinianischem Recht der unter einem Generalkurator stehende Minderjährige durch diese selbstgewählte Kuratel seine Handlungsfähigkeit ganz eingebüsst hat, oder ob ihm von derselben noch etwas übrig geblieben ist. Ueber diesen Punkt sind sehr verschiedene Ansichten aufgestellt worden, wir glauben die Gestaltung der Sache in folgender Weise annehmen zu sollen.

Die Befugnis des dem Minderjährigen bewilligten Generalkurators erstreckt sich nur auf das Vermögen des Minderjährigen, der Kurator führt die administratio patrimonii nach l. 11 Cod. qui dare 5,34. Ohne Zustimmung seines Kurators darf der Minderjährige kein Rechtsgeschäft abschliessen, welches eine Veräusserung aus seinem Vermögen enthält. Mangel der Zustimmung hat Nichtigkeit des Rechtsgeschäftes zur Folge, so lehrt uns die l. 3 Cod. de in integr. rest. minor. 2,21 (22): »Si curatorem habens res vendidisti, hunc contractum servari non oportet.« Voraussetzung bei dieser Entscheidung ist, dass der erwähnte Kurator bei der Veräusserung um seinen Konsens nicht angegangen wurde.

Allerdings will Marezoll S. 374 auf das »vendere« in

unserer Stelle besonderen Nachdruck legen und mit Ausschluss des »Verkaufens« dem bevormundeten Minderjährigen auch über das dem Kurator unterstellte Vermögen freie Verfügung belassen, aber seine Belege sind nicht überzeugend und von Pfeiffer entkräftet worden. Wir folgen daher gern Windscheid, der dieses Verbot des »res vendere« »unbedenklich« auf alle Veräusserungen aus dem Vermögen ausdehnt. Neben den oben erwähnten Bestimmungen, welche in einzelnen Fällen alle puberes minores beschränken, sind also die bevormundeten Minderjährigen erwiesener Massen noch durch das Verbot der Veräusserung generell eingeengt. Aber es ist doch klar, dass durch all diese Schranken ihre Handlungsfähigkeit noch nicht völlig absorbiert wird, die Fähigkeit selbstständig Schuldverträge einzugehen, soweit sie nicht eine Veräusserung aus dem Vermögen enthalten, soweit sie nicht direkt auf die Substanz des Vermögens gerichtet sind, ist noch unberührt. Danach konnten die bevormundeten Minderjährigen Schulden giltig kontrahieren, weil die damit übernommene Verpflichtung an und für sich nicht darauf abzielt, eine Veräusserung aus dem Vermögen herbeizuführen, wie z. B. der Verkauf einer Sache. Die Verpflichtung eine Schuld zu zahlen ist nicht notwendig identisch mit »Veräusserung aus dem Vermögen«, diese Verpflichtung kann recht wohl auch so gedacht werden, dass, wenn der Minderjährige dieselbe nicht durch Zahlung z. B. mit eigens zu diesem Zweck geschenkt erhaltenem Gelde erfüllt, der Gläubiger auch persönliche Dienste und Arbeiten des Minderjährigen in Zahlung nimmt. Es kann auch ein Dritter giltig für den Minderjährigen erfüllen. Unzweifelhaft kann eine solche Verpflichtung für den Minderjährigen entstehen, ohne dass dadurch gegen das Veräusserungsverbot der l. 3 Cod. verstossen würde. Wenngleich nun v. Jhering und Puchta dies bestreiten und den Minderjährigen in allen Fällen an den Konsens seines Kurators binden, so glauben wir doch annehmen zu müssen, dass der bevormundete Minderjährige, abgesehen von der ihm entzogenen Verwaltung und Veräusserung seines Vermögens, dem Minderjährigen ohne Kurator gleichstehend, sich selbstständig durch Schuldverträge verpflichten kann. Unsere Ansicht stützt sich hauptsächlich auf die l. 101 D. de verb. oblig. 45,1; diese Stelle spricht klar und deutlich aus: »Puberes sine curatoribus suis possunt ex stipulatu obligari.« — Damit stimmt eine grosse Anzahl anderer Stellen überein: l. 43 D. de oblig. et act. 44,7; l. 2 § 1 D. de poll. 50,12; l. 1 pr. §§ 1 u. 2, l. 11 § 17 D. de min. 4,4; l. 3 § 2 D. de S. C. Mac. 14,6; l. 1 § 2 Cod. si adv. cred. 2,38; l. 4 Cod. de in integr. rest. min. 2,22. Weitere Citate siehe v. Vangerow Pd. § 291 Anm. 2.

Man hat diesen Stellen zwar vorgeworfen, dass sie keinen Beweis erbrächten, weil sie nicht angeben, ob Minderjährige mit oder solche ohne Kurator gemeint seien; aber gerade darin scheint uns der gesuchte Beweis zu liegen. Denn nachdem die Lage der ausdrücklich als bevormundet bezeichneten Minderjährigen durch l. 101 cit. und l. 3 Cod. cit. deutlich genug dahin gekennzeichnet ist, dass diese Personen zwar in der Veräusserung aus ihrem Vermögen beschränkt sind, sich aber doch ohne ihren Kurator im übrigen verpflichten können, wie sollte es da etwa befremden und vielmehr nicht ganz natürlich erscheinen, wenn die oben zitierten Stellen, in denen allen es sich um eine wirkliche Verpflichtung der Minderjährigen handelt, nunmehr von Minderjährigen schlechthin reden? Ist es logisch, in Fällen in denen sich das zu Sagende auf beide Arten von Minderjährigen bezieht, einfach »minores« zu schreiben, so können wir auch mit Recht die oben genannten Stellen für unsere Ansicht anführen und aus ihnen entnehmen, dass hinsichtlich der Verpflichtungsfähigkeit durch Schuldverträge die bevormundeten Minderjährigen, abgesehen von der l. 3 Cod. cit., den unbevormundeten völlig gleichstehen.

§ 6. Zustimmende Rechtslehrer.

Dies ist die Behandlung der bevormundeten Minderjährigen im Justinianischen Recht, wie wir sie nach den Quellen zu finden glauben.

Im folgenden sollen noch kurz die Juristen angeführt werden, welche die hier aufgestellte Meinung im Prinzipe vertreten.

v. Savigny beschäftigt sich S. 385 flg. eingehend mit unserer Frage und fährt, nachdem er auch einige Bemerkungen über die legislative Berechtigung einer derartigen rechtlichen Behandlung der Minderjährigen unter Kuratel gemacht hat, in folgender Weise fort: »Es war also ganz konsequent, dem Minderjährigen die Möglichkeit der Verschuldung zu gestatten und dadurch die persönliche Handlungsfähigkeit fortwährend anzuerkennen, zugleich aber die Verschwendung des vorhandenen Vermögens ganz unmöglich zu machen.« —

Bei Marezoll lesen wir ferner: »dass der Minderjährige auch ohne Konsens und Zuziehung seines Kurators sich durch Verträge verpflichten könne,« und v. Vangerow sagt im § 291 An. 2: »Dem Principe nach muss man der Ansicht beistimmen, dass nämlich regelmässig der Minor auch ohne Konsens des Kurators sich wirksam verpflichten könne.«

Schliesslich ist als Gewährsmann für unsere Ansicht noch Brinz zu nennen, dessen Meinung mit der von Windscheid im § 71 vertretenen übereinstimmt.

b. Die andere Partei und Versuch ihrer Widerlegung.

§ 7. Hauptstreitpunkt.

Konnten uns diese Autoritäten in unserer Ansicht nur bestärken und festigen, so sind es andrerseits nicht minder gewichtige Stimmen, die eine uns entgegengesetzte Ansicht vertreten, und um unserer Sache gewiss zu sein, müssen wir auch auf ihre Einwürfe eingehen und uns auch mit ihrer

Meinung ins Klare setzen. Vor allem ist es die l. 101 D. de verb. oblig. 45, 1: »Puberes sine curatoribus suis possunt ex stipulatu obligari«, welche hauptsächlich den Zwiespalt unter den Juristen hervorgerufen hat; und es ist vielfach versucht worden, teils mit Scharfsinn, teils mit Gewalt, der Stelle einen anderen, als den von uns vertretenen Sinn zu entlocken. Hierfür können wir auf die Ausführungen v. Jhering's S. 356 folg. verweisen — ein kurzes Referat siehe bei v. Vangerow § 290 An. 2 — und nur zur Bezeichnung, wie erfolglos und vergeblich die Bemühungen derjenigen bisher geblieben sind, welchen der einfache klare Sinn der Stelle nicht behagte, wollen wir v. Jhering's eigene Worte anführen, denen wir vollkommen zustimmen: »..... freilich, ihre Versuche, der Stelle einen minder verfänglichen Inhalt abzugewinnen, sind nichts weniger als gelungen, zum Teil höchst gezwungen und ungesund«. —

§. 8. v. Jhering.

Wenngleich v. Jhering zugesteht, dass bis auf ihn von unseren Gegnern nichts gegen uns bewiesen ist, so könnten wir doch schon aus seinem »freilich«, mit dem er obige Stelle beginnt, ersehen, dass auch er auf Seite derjenigen steht, deren Bemühungen er eben als erfolglos bezeichnet hat. Und so nimmt er denn nun von neuem den Kampf gegen die Gegenmeinung auf. Ein ganzes Heer alter wie neuer Beweismittel führt er gegen unsere Ansicht in's Feld, und wir wollen sehen, wie weit wir durch dieselben überwunden werden, wie weit wir ihnen wenigstens das Gleichgewicht glauben halten zu können.

Imponierend und packend führt v. Jhering aus, und nach unserer heutigen Auffassung der Dinge müssen wir ihm darin Recht geben, dass Schuldenmachen, wenn es dem Minderjährigen freisteht, ihn mehr gefährden kann, als derselbe durch die Entziehung der Veräusserungsfähigkeit geschützt wird, ferner dass dem Minderjährigen die Möglichkeit des Schuldenmachens zugestehen heisst das Verbot der Veräusserung in seinem Erfolge vollständig paralysieren, — aber wie trefflich an sich diese Erwägungen auch sind, so dürften sie doch am bestehenden Rechte nichts ändern und es wird zu untersuchen sein, welche Anhaltspunkte die Quellen dafür geben, dass diese Gedanken auch Rechtens sind.

Hätten die Römer wirklich die Möglichkeit, Schulden zu machen, für Personen unter 25 Jahren für so ungemein schädigend und gefährlich gehalten, so wäre es doch höchst sonderbar, dass sie dann nur denjenigen gegen diese Gefahr schützten, der verständig genug ist und sich einen Kurator erbittet, während der unverständige, leichtsinnige und leichtlebige Minderjährige dieser Gefahr um so schutzloser entgegen läuft, je weniger er dazu geneigt ist, sich einen Kurator bestellen zu lassen. Es dürfte demnach dem Geiste des römischen Rechts nicht so sehr widersprechend sein, wenn der verständige Minderjährige, der sich einen Kurator erbeten hat, im Schuldenmachen dem leichtsinnigsten und sorglosesten Minor ohne Vormund wenigstens gleichstehen sollte.

Ferner weil in den, die freie Verpflichtungsfähigkeit der Minderjährigen aussprechenden Stellen ausser der l. 101 cit. des scheinbar wesentlichen Umstandes nicht gedacht wird, ob der Minderjährige einen Vormund habe oder nicht, so zieht v. Jhering daraus den Schluss, dass all diese Stellen von Minderjährigen ohne Kurator reden, denn dächte man an Minderjährige unter einem Kurator, so müsste man dies auch thun bei allen Stellen, die die Rechtsgeschäfte der Minderjährigen behandeln und so z. B. auch in der l. 27, 1 in fin. de min. 44. — Warum man aber dasjenige, was man bei einigen Stellen als zweckmässig und sinnerklärend voraussetzen darf, auch bei allen andren Stellen, bei denen dies aus klaren Gründen eben nicht so angängig ist, gleichfalls hinzudenken »muss«, will uns nicht einleuchten, und die als Beispiel besonders angeführte l. 27, 1 cit. beweist uns genügend, dass es verkehrt wäre, wenn man alle Stellen, welche von einem nur im Principe gleichen Gegenstande reden, ohne nähere Berücksichtigung ihres speciellen Inhaltes auf ein und dieselbe Weise behandeln wollte. Die l. 27, 1 cit. spricht von einem Minderjährigen, der eine Sache selbstständig giltig veräussert. Daraus geht deutlich hervor, dass, da unbestritten ein bevormundeter Minderjähriger eine Sache nach l. 3 Cod. cit. selbstständig nicht verkaufen kann, der Minderjährige in der l. 27, 1 cit. nur ein solcher ohne Kurator sein kann, und es möchte daher so leicht wohl keiner versucht sein, hier an einen bevormundeten Minderjährigen zu denken, selbst dann nicht, wenn man gestützt auf l. 101 cit. bei anderen Stellen gerne dazu geneigt wäre. Aber wir glauben weder an bevormundete, noch an selbstständige Minderjährige ausschliesslich denken zu müssen, sondern sind der Ansicht, dass, weil all diese Stellen des wesentlichen Umstandes nicht gedenken, ob ein Kurator bestellt ist oder nicht, es im Justinianischen Recht bei Verpflichtungen der Minderjährigen im allgemeinen überhaupt garnicht wesentlich gewesen ist, ob letztere einen Kurator haben oder nicht, d. h. dass hinsichtlich der Verpflichtungsfähigkeit die bevormundeten Minderjährigen denen ohne Kurator gleich gestellt sind. Diese Behauptung und das schon oben in dieser Beziehung Gesagte wage ich als gleichberechtigt v. Jhering's Ausführungen entgegen zu setzen, mit welchen er aus den allgemein gehaltenen Stellen über Kurator und bevormundete Minderjährige, aus dem Bedürfniss der Kuratel und aus der, den Verfassern der Institutionen zuzutrauenden klaren Auffassung der Dinge das Gegenteil zu beweisen bestrebt ist.

Als letzten, neuen Beweis für seine Ansicht führt v. Jhering die lex Plaetoria in's Feld, und wahrlich können seine Gründe bestechen und blenden, aber wir wollen uns nicht scheuen, auch ihnen unbefangen entgegenzutreten. v. Jhering operiert mit dem curator ex lege Plaetoria: »die cura minorum, sagt er S. 354, ist bekanntlich durch die lex Plaetoria eingeführt und zwar im Zusammenhang mit der Strafbestimmung, durch welche dieses Gesetz die Uebervorteilung der Minderjährigen im Verkehr zu verhindern suchte. Wer sich gegen die ihm drohende Gefahr des judicium publicum — d. h. populare — legis Plaetoriae schützen wollte, musste darauf dringen, dass dem Minderjährigen ein Kurator bestellt werde«. — Von diesem letzteren, durchaus nicht sichern Satze ausgehend, den Huschko sogar als völlig aus der Luft gegriffen bezeichnet — S. 330 folg. —, argumentiert v. Jhering wie folgt: »Die lex Plaetoria findet auch auf Stipulationen Anwendung: damit ist bezeugt, dass der curator ex lege Plaetoria nach der ihm durch Gesetz gegebenen Bestimmung auch für diejenigen Fälle zuzuziehen war, in denen es angeblich zufolge der l. 101 cit. der Mitwirkung eines Kurators selbst dann nicht bedürfen sollte, wenn bereits ein solcher bestellt ist. Der Widerspruch — ist ein flagranter —«.

Hätte thatsächlich die lex Plaetoria in ihrem Erfolge dahin führen können, dass bei allen Stipulationen, durch welche Minderjährige sich verpflichteten, die Promissare es durchsetzten, dass der Minderjährige sich einen Kurator ad hoc bestellen liess, so war dies rechtlich doch nicht nötig, vom Gesetz vielleicht, ja wahrscheinlich garnicht beabsichtigt und in all den Fällen, in welchen von beiden Kontrahenten der Minderjährige der wirthschaftlich stärkere war, jedenfalls nicht denkbar. Ein grosser Teil der Stipulationen entfiele also schon, für welche thatsächlich ohne rechtlichen Nachteil ein Kurator nicht erbeten wurde und die lex Plaetoria in dieser Hinsicht keine Anwendung fand. Wäre sonach v. Jhering's Annahme eines flagranten Widerspruchs nur noch theilweise aufrecht zu erhalten, so dürfte er seine Beweiskraft gegen uns sogar völlig verlieren, wenn man folgendes erwägt. Es ist einerseits ein Schwanken in der Rechtsentwicklung durchaus nicht ausgeschlossen, und ein Widerspruch, in den das Justinianische Recht durch seine Bestimmungen über die Generalkuratel zu einem viel früheren Gesetze über einen in gewissen Fällen zu bestellenden Kurator geraten könnte, durchaus nicht unmöglich; daher dürfte uns für das Justinianische Recht ein solcher Widerspruch wenig anfechten, andrerseits ist aber alles das, was wir aus den spärlichen Berichten über den curator ex lege Plactoria wissen können, so unsicher und umstritten, dass es recht gewagt erscheinen möchte, den curator ex lege Plaetoria mit dem Generalkurator im Justinianischen Recht zusammen zu stellen, um aus diesem Vergleiche auch nur einigermassen sichere Beweise gegen unsere Ansicht zu gewinnen. Ueberdies ist die ganze lex Plaetoria mit ihren auf Betrug gegen Minderjährige beschränkten Bestimmungen durch die bereits ganz allgemein eingeführte actio doli und die in integrum restitutio wegen Minderjährigkeit längst überholt und bei den alten Juristen vergessen. — conf. v. Savigny S. 354 folg., Marezoll S. 340. —

Es möchte daher unsere Erklärung und Gestaltung der l. 101 cit. doch nicht zu einem so unmöglichen, in sich selbst widersinnigen Resultate führen, wie v. Jhering behauptet, ja wir halten dieselbe für die allein richtige.

Nach v. Jhering's Auffassung bedurfte die lex 101 cit. einer neuen Gestaltung. Indem er das »possunt« in l. 101 cit. betont, sagt er: nur unter Umständen können sich Minderjährige ohne ihren Kurator verpflichten und zwar ist der Hauptfall der, dass durch die, eine Novation darstellende Stipulation, weil dieselbe nämlich eine bereits bestehende Verpflichtung nur erneuert, für den Minderjährigen auch ohne Mitwirkung seines Generalkurators eine Verpflichtung erzeugt wird. — So gern wir mit Ubbelohde S. 704 anerkennen, dass »v. Jhering's Vereinigung der l. 101 cit. mit der scheinbar widersprechenden l. 3 Cod. cit. und insbesondere mit rationellen, allgemeinen Grundsätzen überaus scharfsinnig sei«, so können wir uns doch des Eindrucks nicht erwehren, dass v. Jhering an die l. 101 cit. von aussen her mit einem fertigen Resultate herantritt und dieses nun auf jede Weise in die Stelle hineininterpretieren will. So entsteht eine sehr feine, künstliche Konstruktion, der wir aber um so weniger zustimmen können, wenn wir mit ihr unsere oben angeführte, aus l. 101 cit. und deren Parallelstellen sich einfach und klar ergebende Ansicht vergleichen.

- Soviel über v. Jhering's Meinung.

§ 9. Ubbelohde.

In neuester Zeit hat Ubbelohde S. 696 folg. unsere Frage berührt. Auch er verwirft alles bisher gegen unsere Ansicht Gesagte und stellt in Kürze folgende Meinung auf: Der bevormundete Minderjährige ist völlig verpflichtungsfrei, nach ius civile. Dies beweist l. 101 cit. Dagegen sind alle seine Veräusserungs- und Verpflichtungsgeschäfte, die er ohne Konsens des Kurators eingeht, nichtig nach ius honorarium. Dies meint l. 3 Cod. cit. Die letztere Stelle sagt bekanntlich, Veräusserungen, vom Minderjährigen ohne seinen Kurator vorgenommen, sind unverbindlich — und fährt dann fort: cum non absimilis ei habeatur minor curatorem habens, cui a praetore bonis interdictum est. Ubbelohde lässt dies »non absimilis" »gleichsein« bedeuten, dehnt diese, höchstens für Veräusserungen behauptete Gleichheit auch auf Verpflichtungsgeschäfte aus und weist so dem bevormundeten Minderjährigen — mit Ausnahme der Testierfähigkeit — dieselbe Stellung an, wie dem interdicierten Verschwender, von welchem unsere Quellen sagen, dass er exemplo furiosi bevormundet werde. l. 1 pr. D. de cur. fur. 27, 10. Aus dem Unterschied von formeller und materieller Wirksamkeit erklärt also Ubbelohde den Inhalt der l. 101 cit. uud der l. 3 Cod. cit. Der Minderjährige ist nach ihm verpflichtungsfähig, aber seine Rechtsgeschäfte sind alle nichtig!

Dieser Ansicht Ubbelohde's können wir uns aus folgenden Gründen nicht anschliessen. Die Beweisführung aus der völligen Gleichstellung des Minderjährigen mit dem Entmündigten scheint uns der l. 3 Cod. cit. durchaus Gewalt anzuthun und überzeugt uns daher nicht von der Unfähigkeit bevormundeter Minderjähriger zu Verpflichtungsgeschäften. Sodann können wir aber eine so tief eingreifende Bedeutung dem Gegensatze des ius civile und ius honorarium in der Kompilation Justinian's nicht mehr einräumen. Nach Puchta's anschaulichen und überzeugenden Ausführungen in seinen Institutionen I. S. 353 folg. sind wir vielmehr der Ansicht, dass zu Justinian's Zeiten sich die Ausgleichung des ius civile mit dem ius honorarium bereits gänzlich vollzogen hatte, und dass ebendeshalb Justinian's Recht ein Recht der Völker werden konnte. Es dürfte daher unzulässig sein, in der Justinianischen Kompilation von einer Unterordnung alter civiler Rechtssätze unter jüngere prätorische hinsichtlich des praktischen Erfolges zu reden. Die beiden Stellen l. 101 cit. und l. 3 Cod. cit., welche Ubbelohde durch den längst geschwundenen Unterschied von ius civile und ius honorarium vereinigen will, stehen in dem, ein zusammenhängendes Ganze bildenden Gesetzbuche Justinians vollständig gleichberechtigt neben einander und verlangen beide in der praktischen Anwendung des Rechts gleichmässig berücksichtigt zu werden. Danach sind diese Stellen, als sich nicht absolut widersprechend, von dem Standpunkte des Justinianischen Rechtes mit einander so zu vereinen, dass, wie wir meinen, in der l. 101 cit. das Princip und in der l. 3 Cod. cit. eine Modifikation desselben zn erblicken ist.

Soweit die Grundsätze des Justinianischen Rechts.

II. Theil.
Heutiges Recht.

Abschnitt 1. Gemeines Recht.

§ 10. Weitere Entwicklung des Justinianischen Rechts im gemeinen Recht.

Wenden wir uns nunmehr der weiteren Frage zu: Kann nach heutigem Recht ein Minderjähriger sich durch Schuldverträge verpflichten? Die im römischen Recht begonnene Entwicklung in der Fürsorge für die Minderjährigen schreitet erst allmählich in Deutschland dem Resultate zu, welches unsere Gegner zumeist schon in das Justinianische Recht hinein zu verlegen streben. Und gewiss geben wir zu, dass Justinian's Recht so, wie wir es uns nach unserer Ansicht denken müssen, für uns heute keineswegs zufriedenstellend wäre; nach der heutigen Auffassung der menschlichen Dinge werden auch wir es unerhört finden müssen, wenn der Minderjährige ohne seinen Kurator keinen alten Rock verkaufen, dagegen Schulden ohne Mass kontrahieren könnte; und es lässt sich sogar zum Beweise dafür, dass das Resultat der Justinianischen Kompilation elegantiae iuris nicht entsprechend ist, das Urteil der Basiliken 10, 4, 53 anführen, mit welchem dieselben die l. 3 Cod. cit. einleiten: »Θαυμαστόν νόμιμόν φησιν ἡ διάταξις αὕτη,« mirabilem legem haec constitutio tradit. Aber die für uns notwendige Gestaltung der Sache hat sich doch erst unter dem Einfluss neuer Anschauungen und veränderter Verhältnisse herausgebildet. Allerdings besteht noch immer die Meinung, dass heute noch, wie einst in Rom, die Minderjährigen ohne ihren

Vormund kontraktlich sich giltig verpflichten können — conf. Huschke S. 359 — und dass das römische Doppelinstitut des Tutor und Kurator auch heute noch Geltung habe, — conf. Dollmann S. 98 An. 3. Aber wir werden nicht fehlgehen, wenn wir behaupten, dass in der Theorie die herrschende Mehrheit und in der Praxis der entschiedene Gerichtsgebrauch seit lange schon dahin neigt: die Minderjährigen in allen die Vormundschaft berührenden Angelegenheiten den impuberes gleich zu stellen und an die Mitwirkung ihres Vormundes zu binden. Dies bedarf einer näheren Begründung.

Eine Aenderung in den Bestimmungen des Justinianischen Rechts finden wir in den Reichspolizeiordnungen von 1548 — Titel 31 § 1 — und von 1577 — Titel 32 § 1. — Dieselben beseitigen die Willkür der Minderjährigen und setzen fest, dass jeder Minderjährige sui iuris einen Kurator erhalten solle. Alle Minderjährigen stehen sich daher in dieser Beziehung von nun an gleich. Zwar könnte man immer noch glauben, wie einige Juristen es auch thun, dass im übrigen das römische Recht weiter gelte, wenn man nämlich sich lediglich auf die Bestimmungen der R.P.O.O. beschränken wollte. Aber es ist doch unleugbar, und trefflich weist dies Kraut S. 97 folg. nach, dass neben den R.P.O.O. noch andere wichtige Fakta berücksichtigt werden müssen. Die cura und tutela des römischen Rechts sind in ein Institut verschmolzen, der bekannte Unterschied von tutoris auctoritas und consensus curatoris ist geschwunden und der Eintritt der Geschlechtsreife hat hinsichtlich der Geschäftsfähigkeit der Minderjährigen in Bezug auf Rechtsgeschäfte unter Lebenden seine Bedeutung gänzlich verloren. Dies alles ist eine natürliche Folge von dem, im Mittelalter wiederholt auftretenden Streben, die Termine der Mündigkeit immer weiter hinaus zu schieben. Diese Terminsbestimmungen, welche partikularrechtlich erfolgten und natürlich verschieden waren, bekamen durch die R.P.O.O. eine einheitliche Gestaltung, und die ganze Entwicklung vom freien römischen pubes minor bis zu dem, dem impubes gleich bevormundeten Minderjährigen hatte damit ihren Endpunkt erreicht. Freilich hat man gesagt, warum haben dies die R.P.O.O. nicht ausgesprochen? Sie reden ja selbst noch von »Pupillen« und »minderjährigen Kindern«. Dieser Einwand dürfte wohl damit abgewiesen sein, dass in den R.P.O.O. keine Spur von Verschiedenheit der Rechtsstellung sich finden lässt, welche an diesen Unterschied geknüpft sein sollte. Ferner ist es erwiesen — conf. Kraut S. 104 An. 12 — dass die älteren Juristen, allerdings in fehlerhafter Auffassung der l. 3 Cod. cit., einstimmig schon im römischen Recht den Grundsatz zu sehen glaubten, ein mündiger Minderjähriger, der einen ständigen Vormund habe, könne sich ohne denselben ebensowenig wie ein impubes obligiren. Diese Theorie fand zu jener Zeit schon in der Praxis allgemeine Aufnahme, und daher ist es wohl erklärlich, wenn die R.P.O.O. keine Veranlassung nehmen sich ausführlicher zu äussern, mussten sie es doch als selbstverständlich ansehn, dass ihre Bestimmungen nach der allgemein herrschenden Ansicht verstanden werden würden, und dass infolge dessen der Minderjährige hinsichtlich der Vormundschaft durchaus gleiche Stellung mit dem impubes erhalten würde. Es ist daher auch eine entschiedene Anerkennung des in Deutschland geltenden gemeinen Rechtes darin zu erblicken, dass schon die meisten älteren und die neuesten partikulären Gesetzgebungen ohne Ausnahme — conf. Kraut S. 107 An. 15 und 16 — den mündigen Minor und den impubes bezüglich der Vormundschaft ganz gleich behandeln. Und so finden wir auch in den Entscheidungen der obersten Gerichte des gemeinrechtlichen Gebietes vorwiegend diese Ansicht vertreten, z. B. heisst es in den Motiven eines Dekretes des O.A.G. zu Kassel vom 22. Mai 1830: es »müsse doch nach richtiger Ansicht — Mühlenbruch Pand. III § 577 a. E. —, wenn lediglich auf das praktische Recht gesehen würde, gleiches Recht für die Tutel über impuberes und

die Kuratel über minores als Regel angenommen werden«.
Conf. Seuffert Archiv Bd. II Nr. 270, Bd. XXIV Nr. 112,
Bd. III No. 311 und die ausführliche Zusammenstellung bei
v. Jhering S. 377.

§ 11. **Beurteilung des Resultates und die danach im weiteren zu beobachtenden Gesichtspunkte.**

Das heutige gemeine Recht ist also, wie aus obiger Entwicklung hervorgeht, beherrscht von dem Prinzip der Unfähigkeit Minderjähriger sich durch Schuldverträge selbstständig zu verpflichten. Es ist aber klar und einleuchtend, dass ein derartiges Prinzip, wenn es allgemein aufgestellt wird, für die Minderjährigen selbst und für diejenigen, welche sich mit ihnen einlassen, eine bedenkliche Härte enthält und auch auf die Sicherheit des Geschäftsverkehrs empfindlich einwirken muss. Durch eine absolute Unfähigkeit zu Schuldverträgen wäre die sich meist schon vor vollendetem 21sten Jahre entwickelnde natürliche Einsicht der Minderjährigen zwecklos lahm gelegt, dem Minderjährigen selbst die Beschaffung seiner nötigsten Bedürfnisse erschwert, weil, wie schon Plautus im Pseudolus I 3, 69 in Beziehung auf das Verpflichtungsverbot der lex Plaetoria sagt, metuunt credere omnes, und der Dritte, der sich mit dem Minderjährigen trotzdem einlässt, könnte selbst bei seinen besten Absichten und nützlichsten Diensten für den Minderjährigen durch die blosse Verweisung auf die Genehmigung des gesetzlichen Vertreters ungebührlich benachtheiligt werden. Das gemeine Recht lässt daher bei der Unfähigkeit Minderjähriger zu Schuldverträgen den Vater mit der actio de in rem verso für alle Geschäfte seines Sohnes haften, welche dieser in eigenem Interesse nützlich vorgenommen hat. Ebenso haftet der Vormund dem Dritten, welcher wirkliche Bedürfnisse des Minderjährigen befriedigt, mit der actio negotiorum gestorum contraria aus der Geschäftsführung und gegen die Minderjährigen selbst ist die Bereicherungsklage gegeben, si negotia

eorum urgentibus necessitatis rationibus utiliter gerantur —
l. 2 Cod. de neg. gest. 3, 18 (19). So das gemeine Recht. Wir
werden aber auch bei der Betrachtung der wichtigsten Deutschen Partikularrechte zu ähnlichen Resultaten kommen.

Abschnitt 2. Partikularrecht.

§ 12. Preussisches Recht.

Für Preussen bestimmt das Gesetz vom 12. Juli 1875,
betreffend die Geschäftsfähigkeit Minderjähriger etc. im § 2:
»Minderjährige, welche das siebente Lebensjahr vollendet haben,
sind ohne Genehmigung des Vaters, Vormunds oder Pflegers
nicht fähig, durch Rechtsgeschäfte Verbindlichkeiten zu übernehmen oder Rechte aufzugeben.« Hier finden wir wieder
unser Prinzip ausgesprochen: Minderjährige können sich nicht
selbstständig durch Schuldverträge verpflichten. Wie nun die
aus diesem Satze zu befürchtenden Schwierigkeiten beseitigt
oder verringert sind, lehrt eine Betrachtung der übrigen, die
rechtliche Stellung der Minderjährigen beeinflussenden Normen
des Preussischen Rechtes.

Dem vorliegenden Bedürfnisse, den Minderjährigen selbstständig verpflichtungsfähig zu machen, ist für Arbeits- und
Dienstverhältnisse und für den Betrieb eines Erwerbsgeschäftes
in der Weise Rechnung getragen, dass infolge einer zu diesen
Beschäftigungen einmal in gesetzlicher Weise erteilten Genehmigung der Minderjährige zur selbstständigen Eingehung und
Auflösung von Dienst- und Arbeitsverhältnissen der genehmigten Art und zur selbstständigen Vornahme aller derjenigen
Rechtsgeschäfte befähigt ist, welche der Betrieb des genehmigten
Erwerbsgeschäftes mit sich bringt; § 5 und 6 des Gesetzes
vom 12. Juli 1875.

Eine nur einen einzelnen Fall betreffende Modifikation
unseres Prinzipes findet sich ferner im § 1 Abs. 2 des Gesetzes vom 29. Mai 1879, betreffend die Rechtsverhältnisse

Studierender. Es darf nämlich daraus, dass ein Studierender zur Zeit der Annahme einer Vorlesung minderjährig war oder unter väterlicher Gewalt stand, ein Einwand gegen die Verpflichtung zur Zahlung des Honorars nicht entnommen werden. Für die in väterlicher Gewalt befindlichen Minderjährigen wird die Härte ihrer Verpflichtungsunfähigkeit durch die §§ 127, 129, 130, Th. II Tit. 2 A.L.R. bedeutend abgeschwächt. Danach kann das Hauskind, welches sich mit Genehmigung des Vaters einer gewissen, ausserhalb des väterlichen Hauses liegenden Bestimmung widmet, alle diejenigen Verträge, natürlich auch Schuldverträge, selbstständig giltig eingehen, ohne welche es seine Bestimmung nicht erfüllen kann. Aus der, zu einer gewissen Lebensbestimmung des Kindes erteilten Genehmigung folgert das Gesetz die Genehmigung des Vaters auch für die erwähnten Verträge. Lebt ein Kind ausserhalb des väterlichen Hauses, ohne sich einer solchen Bestimmung zu widmen, sodass es auch nicht obige Verträge schliessen kann, so ist doch insofern für dasselbe gesorgt, als alles das, was ihm ein Dritter zu den notwendigsten und dringendsten Lebensbedürfnissen giebt, als in den Nutzen des Vaters verwendet angesehen wird. Bedürfnisse, die notwendig und dringend für das Leben des Hauskindes sind, müssen ihm sofort möglichst leicht befriedigt werden können, und deswegen haftet auch das Vermögen des Vaters unbedingt für die Verwendung, die ein Dritter zu obigem Zweck gemacht hat. Verwendungen Dritter für andere, nicht gerade dringende und sehr notwendige Bedürfnisse des Hauskindes sind vom Vater nur dann voll zu vergüten, wenn das Hauskind keine Gelegenheit gehabt hat, die nötige Unterstützung vom Vater selbst zu erhalten.

Diese Bestimmungen erscheinen als geeignet, die aus der Verpflichtungsunfähigkeit der Hauskinder sich ergebende Abneigung, mit dem Hauskinde zu kontrahieren, da wo sie demselben nachteilig werden könnte, zu beseitigen. Ein Hauskind wird danach, wenn es der Hilfe wirklich bedarf, dieselbe ebenso gut finden, wie jeder vollkommen Geschäftsfähige. Der Umstand, dass nur der Vater und nicht das Hauskind verpflichtet wird, könnte zu der Frage führen, ob nicht der Nachteil des andern Kontrahenten ein zu grosser ist in dem Fall, wenn der Vater vermögenslos, das Hauskind aber begütert ist und zwar nur freies Vermögen besitzt. Hier ist Abhilfe dadurch getroffen, dass nach § 161 Th. II Tit. 2 A.L.R. dem Vater das Recht zusteht, auch das freie Vermögen des Kindes anzugreifen, soweit es zur Erziehung und Verpflegung des Kindes erforderlich ist. Die Ausübung dieses Rechtes kann der andere Kontrahent jedenfalls im Rechtswege durchsetzen und auf diese Weise zu seiner gerechtfertigten Befriedigung gelangen.

Wünschenswert wäre es nur, dass diese für die Hauskinder geltenden Bestimmungen in gleicher Weise für alle Minderjährigen gegeben wären. Eine in dieser Hinsicht verschiedene Behandlung Minderjähriger in väterlicher Gewalt und solcher unter Vormundschaft lässt sich nicht rechtfertigen. Es müsste dann an Stelle der Haftung des Vaters und seines Vermögens die Haftung des Vormunds bis zum Betrage des Mündelvermögens treten. Nach geltendem Recht hat derjenige, dessen Dienste und Leistungen der bevormundete Minderjährige in dringenden Fällen in Anspruch nehmen muss, nur die Klage aus der nützlichen Verwendung, A.L.R. Th. I Tit. 13 — und die Aussicht auf nachträgliche Genehmigung des Geschäftes seitens des Vormundes, Gesetz vom 12. Juli 1875. Allein die Genehmigung des Rechtsgeschäftes hängt ganz vom Ermessen des Vormundes ab und der Anspruch auf Erstattung der nützlichen Verwendung kann gegen den Verpflichtungsunfähigen doch nur bis zur Höhe des Vorteils verwirklicht werden, welcher für den Minderjährigen zur Zeit der Klagerhebung noch vorhanden ist, A.L.R. Th. I Tit. 13 § 274. — Demnach ist der mit einem bevormundeten Minderjährigen

Kontrahierende nicht so sicher gestellt, wie der, welcher mit einem Hauskinde sich einlässt. Und doch ist es in gleicher Weise für Hauskinder, wie für Minderjährige unter Vormundschaft erforderlich, dass ihre wirklichen Bedürfnisse möglichst baldige und bereitwillige Befriedigung finden.

§ 13. Code Napoléon.

Nach dem Recht des Code Napoléon wird der Minderjährige gegenüber seiner Verpflichtungsunfähigkeit durch Schuldverträge in der Weise geschützt, dass demselben ursprünglich zwar Freiheit in seinem geschäftlichen Handeln gelassen ist. Wenn ihm aber daraus ein Schaden erwächst, so wird auf das bekannte Prinzip zurückgegriffen und der Schuldvertrag aufgelöst. Es sagt nämlich Art. 1124: »Unfähig zu kontrahieren sind die Minderjährigen«. Wie sich aber aus Art. 1125 und 1305 ergiebt, kommt dieser Satz nur soweit zur Anwendung, als der Minderjährige durch irgend einen Vertrag verletzt worden ist, d. h. der Minderjährige kann kontrahieren und wenn er dabei in seinen Interessen nicht verletzt ist, so ist auch der Vertrag giltig. Eine Verletzung des Minderjährigen aber giebt demselben ein Klagrecht auf Auflösung von Verträgen aller Art. Nur der Minderjährige, welcher Handelsmann, Wechsler oder Handwerker ist, kann nicht gegen die Verbindlichkeiten, die er in Angelegenheit seines Handels oder Gewerbes übernommen hat, in den vorigen Stand gesetzt werden, Art. 1308. Ferner hat das im Code weitläufig behandelte Institut der Emanzipation, deren Hauskinder schon mit dem 15ten, andere Minderjährige erst mit dem 18ten Lebensjahre fähig sind, für die Verpflichtungsfähigkeit der Emanzipierten die Wirkung, dass dieselben Auflösung nur der die Schranken ihrer Verpflichtungsfähigkeit übersteigenden Verträge auf Grund blosser Verletzung fordern können, dass dagegen all die Verträge, welche sich auf die ihnen als Emanzipierten nach Art. 481 unterstellten Materien, hauptsächlich auf die Verwaltung ihres Vermögens beziehen, gleich wie die Verträge Volljähriger behandelt werden.

In Beurteilung der Zweckmässigkeit obiger Sätze liesse sich sagen: Die Emanzipation giebt allerdings ein bequemes Mittel zur Hand, den verständigen und reifen Minderjährigen voll und ganz die Vorteile einer sehr erweiterten Geschäftsfähigkeit schon einige Jahre vor der natürlichen Grossjährigkeit geniessen zu lassen. Im übrigen ist aber die Stellung des Minderjährigen, wie bevorzugt sie auch immer erscheinen mag, nicht eine völlig beneidenswerte. Dem nicht emanzipierten oder dem die Grenzen seiner Fähigkeit überschreitenden emanzipierten Minderjährigen gegenüber erhalten nämlich die andern Kontrahenten eine sehr wenig gesicherte Lage und müssen noch zehn Jahre lang — Art. 1304 — nach der Volljährigkeit des Minderjährigen einer Anfechtung und möglichen Auflösung des Rechtsgeschäftes gewärtig sein. Dieses Opfer aber ist ein zu grosses. Eine derartige Gestaltung der Rechtslage muss entschieden auf das Nachteiligste auf den Minderjährigen selbst zurückwirken. Denn einmal werden dem nicht emanzipierten und nicht Handel oder Gewerbe treibenden Minderjährigen durch die so ungünstige Stellung des andern Kontrahenten selbst für die wichtigsten und nötigsten Rechtsgeschäfte nur Schwierigkeiten bereitet. Sodann ist es auch unerklärlich, warum dem Minderjährigen im Sinne des Gesetzes volle Vertragsfreiheit gegeben ist, während doch die aus dieser entspringenden Nachteile, als ob der Minderjährige immer völlig verpflichtungsunfähig wäre, allein auf den andern Kontrahenten gewälzt werden, wenn dessen Einsicht und Geschäftskenntnis, vielleicht auch dessen Gutmütigkeit die schwere Probe nicht besteht, welche von ihm erfordert wird, falls er sich mit dem Minderjährigen einlässt.

§ 14. Schweizerisches Obligationenrecht.

Das Schweizerische Bundesgesetz über das Obligationenrecht behandelt den Minderjährigen in den §§ 30, 32, 33 — conf. § 3 des Gesetzes, betreffend die persönliche Handlungsfähigkeit, vom 22. Juni 1881 — so, dass er selbstständig verpflichtungsfähig nur bei solchen Verträgen ist, welche lediglich bezwecken, dem Minderjährigen Rechte einzuräumen oder ihn von Verbindlichkeiten zu befreien. Alle übrigen Verträge sind ohne Genehmigung des gesetzlichen Vertreters oder des Minderjährigen selbst nach erlangter Grossjährigkeit nichtig. Erfolgt die Genehmigung nicht, so kann jeder Teil die schon vollzogene Leistung zurückfordern; der Minderjährige haftet jedoch nur soweit, als die Leistung für ihn nützlich verwendet ist, oder als er zur Zeit der Rückforderung noch bereichert ist. Das Schweizer Recht kommt dem Preussischen sehr nahe. Die Verpflichtungsunfähigkeit, im Prinzipe anerkannt, ist gemildert durch die dem gesetzlichen Vertreter zugeteilte Befugnis, dem Minderjährigen in gewisser Richtung selbstständige Verpflichtungsfähigkeit einzuräumen. Ist dies in Preussen für Dienst- und Arbeitsverhältnisse und Erwerbsgeschäfte möglich, so lässt es das Schweizerische Recht für den selbstständigen Betrieb eines Berufes oder Gewerbes überhaupt zu. Nach § 35 haftet der Minderjährige mit seinem ganzen Vermögen aus denjenigen Geschäften, welche zum regelmässigen Betriebe des ihm vom gesetzlichen Vertreter verstatteten Berufes oder Gewerbes gehören.

§ 15. Sächsisches bürgerliches Gesetzbuch.

Nach dem Sächsischen bürgerlichen Gesetzbuch — §§ 1822, 1911 und 787 — sind Minderjährige, sowohl die unter väterlicher Gewalt, als auch die unter Vormundschaft stehenden, nicht fähig, sich selbstständig durch Schuldverträge zu verpflichten, ja die Genehmigung des gesetzlichen Vertreters ist zu allen ihren Rechtsgeschäften unter Lebenden erforderlich.

Der für den Minderjährigen sich daraus im Verkehre ergebenden Schwierigkeit wird nur in der Richtung abgeholfen, dass die Minderjährigen sich ihren nötigen Lebensunterhalt ohne Schwierigkeit selbst verschaffen können. Denn jeder Dritte, der ihnen denselben darbietet, erwirbt nach §§ 1825 und 1355 gegen den unterhaltspflichtigen Vater einen Anspruch auf vollen Ersatz, selbst wenn der Unterhaltspflichtige die Darreichung des Unterhalts an den Berechtigten nicht gewollt hat. Gegen den Vormund ist dem Dritten der Anspruch aus der Geschäftsführung nach § 1352 gegeben und dazu noch der Anspruch aus der Bereicherung gegen den Minderjährigen selbst. Was zum Unterhalte gehört, bestimmen die §§ 1846 und 1847.

Auch im Sächsischen bürgerlichen Gesetzbuche mangelt es an einer streng durchgeführten gleichen Behandlung Minderjähriger in väterlicher Gewalt und solcher unter Vormundschaft. Von den Ausnahmen beim Betrieb eines Berufes, Erwerbsgeschäftes etc. findet sich im Sächsischen bürgerlichen Gesetzbuche nichts.

§ 16. Oesterreichisches bürgerliches Gesetzbuch.

Das Oesterreichische bürgerliche Gesetzbuch hält ebenfalls am Prinzipe der Verpflichtungsunfähigkeit Minderjähriger fest. Der § 865 bestimmt, dass Personen, die von einem Vater, Vormund oder Kurator abhängen, zwar die zu ihrem Vorteil gemachten Versprechen selbstständig annehmen können, wenn sie aber eine damit verknüpfte Last übernehmen oder selbst etwas versprechen, so hängt die Gültigkeit des Vertrages in der Regel von der Einwilligung des gesetzlichen Vertreters ab, manchmal bedarf es sogar obrigkeitlicher Zustimmung. Ausnahmen von dieser Regel sind in den §§ 246 und 247 aufgestellt. Danach kann der Minderjährige über alles das völlig frei verfügen und daraufhin sich selbstständig verpflichten, was er sich durch Dienste oder auch auf eine andere

Weise durch seinen Fleiss erworben hat. Ferner unterstehen die dem Minderjährigen bei Vollendung seines 14ten Lebensjahres zu eignem Gebrauch eingehändigten Sachen der freien Verfügungsgewalt des Minderjährigen; auf sie und ihren Wert kann er sich selbstständig verpflichten. Schliesslich kann der Minderjährige, falls die Obervormundschaft von der ihr nach § 247 zustehenden Befugniss Gebrauch macht, demselben den reinen Ueberschuss seiner Einkünfte zur eignen freien Verwaltung zu überlassen, hinsichtlich dieser ihm anvertrauten Beträge sich eigenmächtig verbinden. Im übrigen ist er verpflichtungsunfähig.

Diese Unfähigkeit kann ihm aber in wichtigen und wahren Bedürfnisfällen nicht nachteilig sein, weil für die Schadloshaltung des Hilfe bringenden Dritten durch die §§ 1036 und 1041 genügend gesorgt ist. Der Dritte hat nämlich in den bezeichneten Fällen einen Anspruch auf Erstattung seines notwendig und zweckmässig gemachten Aufwandes, einmal gegen den gesetzlichen Vertreter des Minderjährigen aus der Besorgung seiner Geschäfte, sodann gegen den Verpflichtungsunfähigen selbst, soweit zu dessen Nutzen die Leistung geschah; und der Anspruch besteht beidemal selbst dann, wenn die Bemühung des Dritten ohne sein Verschulden erfolglos geblieben oder der bezweckte Nutzen in der Folge vereitelt worden ist.

§ 17. Entwurf eines bürgerlichen Gesetzbuches für das Deutsche Reich.

In sehr anerkennenswerter Weise nimmt sich der Entwurf in den §§ 65—69 der Geschäftsfähigkeit Minderjähriger an. Uns interessiert auch hier wieder nur die Frage nach der Verpflichtungsfähigkeit Minderjähriger gegenüber Schuldverträgen. Auch der Entwurf erkennt im § 65 den alten Satz an: Minderjährige sind nicht fähig, durch Schuldverträge sich selbstständig zu verpflichten. In berechtigter Rücksichtnahme auf den Umstand aber, dass es für den Verkehr undurchführbar ist, den Minderjährigen hinsichtlich der Schuldverträge vollständig und in jedem Augenblicke an die Genehmigung des gesetzlichen Vertreters zu binden, hat auch der Entwurf Bestimmungen getroffen, welche darauf abzielen, die Härten und Unzuträglichkeiten jenes Prinzips zu beseitigen. In einer dem Preussischen Gesetz, betreffend die Geschäftsfähigkeit Minderjähriger, vom 12. Juli 1875 nachgebildeten Weise kann der Minderjährige durch die ihm in gewisser Form erteilte Genehmigung zum selbstständigen Betriebe eines Erwerbsgeschäftes, sowie zum Eintritt in ein Arbeits- und Dienstverhältnis unbeschränkt verpflichtungsfähig werden in Ansehung solcher Schuldverträge, welche die gestattete Beschäftigung mit sich bringt. Ja, es kann ihm sogar zu einer Reihe von Rechtsgeschäften, die sonst im einzelnen der vormundschaftlichen und gegenvormundschaftlichen Genehmigung bedürfen, eine allgemeine Ermächtigung erteilt werden — §§ 1513 und 1675.

Es fragt sich aber noch, wie für diejenigen Minderjährigen gesorgt ist, die, weil sie kein Erwerbsgeschäft betreiben und in keinem Arbeits- oder Dienstverhältniss stehen, nach dem bisher Gesagten noch völlig verpflichtungsunfähig sind. Dass es aber für alle diese Minderjährigen kaum erträglich wäre, wenn sie auch nicht einmal zu dem geringfügigsten und nebensächlichsten Rechtsgeschäfte, in dem sie nicht lediglich Rechte erwerben oder lediglich von Verbindlichkeiten befreit werden, selbstständig fähig wären, das dürfte wohl klar sein.

Der Entwurf geht aus von dem im Verkehr üblichen Taschengeld, welches den Minderjährigen in der Regel vom gesetzlichen Vertreter zur Bestreitung kleiner Bedürfnisse überwiesen wird und mit welchem meist auch ganz zweckmässig die kleinen Bedürfnisse der Minderjährigen täglich befriedigt werden. Dieser thatsächlichen Uebung will der Entwurf im § 69 rechtlich verbindliche Kraft geben, indem er folgendes sagt: »Der von einem Minderjährigen geschlossene Vertrag gilt als von Anfang an wirksam, wenn der Minderjährige die darin übernommenen Verpflichtungen aus Vermögensgegenständen erfüllt, welche ihm von dem gesetzlichen Vertreter zu solchem Zweck oder zu freier Verfügung rechtsgiltig überlassen waren.«

Darin liegt wieder eine Durchbrechung unseres Prinzipes, und zwar, wie die Motive I S. 146 sagen, um den Minderjährigen die Vornahme der zur Bestreitung ihrer Bedürfnisse erforderlichen Rechtsgeschäfte zu ermöglichen und zu erleichtern. Ob nun im einzelnen Fall der Minderjährige durch Ueberweisung von Vermögensgegenständen selbstständig verpflichtungsfähig zu machen sei, und wie weit demselben auf diese Weise die Bestreitung seiner wirklichen Bedürfnisse anvertraut werden darf, ist dem verständigen Ermessen des gesetzlichen Vertreters überlassen.

Den Grundgedanken des § 69 können wir nur gut heissen, weil er dem vorhandenen Gebrauche gerecht wird und sich den Bedürfnissen des einzelnen Falles möglichst anpassen lässt. Der gesetzliche Vertreter wird meist am besten die Tugenden und die schwachen Seiten seines Minderjährigen kennen und dadurch im Stande sein, durch seine umsichtige Fürsorge jeden Nachteil vom Minderjährigen, wie auch vom Publikum möglichst ferne zu halten. Wird aber der Minderjährige, obgleich er sonst verständig ist und ihm deshalb der gesetzliche Vertreter Vermögensgegenstände zur Verfügung überlassen hat, einmal leichtsinnig und verthut sein Geld in verkehrter Weise, so kann er sich höchstens bis zur Höhe des sogenannten Taschengeldes schädigen, weiter nicht, da mit den ihm überwiesenen Mitteln auch seine Verpflichtungsfähigkeit schwindet. Aber auch dann werden, wie wir sogleich sehen werden, seine dringendsten und notwendigsten Bedürfnisse sich noch unschwer befriedigen lassen. Handelt es sich also nicht gerade um solche notwendigsten Bedürfnisse, so wird, wenn der Entwurf Gesetzeskraft erlangt, das Publikum, um sicher zu gehen, in Zukunft nur Baargeschäfte mit dem Minderjährigen eingehen dürfen. Zitelmann hat S. 70 hinsichtlich des Entwurfes die Befürchtung geäussert, dass die Sicherheit des Publikums immer noch nicht vollständig erreicht werde, weil man ja nicht wissen könne, ob der Minderjährige überhaupt, oder ob er wenigstens zu diesem Zwecke freie Veräusserungsbefugnis habe. Demgegenüber ist an die §§ 704, 705 und 709 des Entwurfes zu erinnern. Diese Paragraphen lassen auch den Minderjährigen für Dolus und Kulpa in möglichst weitem Maasse haften. Im allgemeinen ist ja auch Zitelmann mit dem Grundgedanken des § 69 einverstanden. Die von ihm gemachten Aenderungsvorschläge sind sehr einleuchtend und verdienen volle Berücksichtigung, ändern jedoch den § 69 im Prinzipe nicht.

Für uns könnte nun nur noch die Frage wichtig sein, wie diejenigen Minderjährigen, welche in keinem der vorbesprochenen Fälle Verpflichtungsfähigkeit erhalten haben, geschützt sind, falls für sie die erforderliche Hilfe und Unterstützung des gesetzlichen Vertreters nicht erreichbar ist. Handelt es sich um ein auf die Befriedigung eines wirklichen Bedürfnisses abzielendes Rechtsgeschäft, so werden sich immer Leute finden, die bereit sind, mit dem verpflichtungsunfähigen Minderjährigen sich auch ohne vorhergehende Genehmigung des gesetzlichen Vertreters einzulassen. Denn, wie auch die Motive I S. 146 hervorheben, stehen dem Dritten auch in diesem Falle noch genügende Rechtsbehelfe zur Seite. Vielfach wird die Einwilligung des gesetzlichen Vertreters zu unterstellen sein — conf. das schon oben erwähnte Preussische Gesetz vom 29. Mai 1879 § 1 Abs. 2. Besteht eine Unterhaltspflicht, sowohl die des Vaters, als die, welche dem Vormund kraft seines Amtes als Vormund obliegt, so ist dem Dritten gegen den Unterhaltspflichtigen der Anspruch aus der Geschäftsführung nach den §§ 753 und 755 des Entwurfes gegeben und schliesslich verbleibt immer noch der Anspruch aus der Bereicherung gegen den Minderjährigen selbst.

Danach ist in jeder Beziehung gründlich und in einer die Sätze des geltenden Rechts sogar noch übertreffenden Weise die uns interessierende Frage im Entwurfe einheitlich geregelt, und wir können nur wünschen, dass unter den dort gegebenen weisen Modifikationen dem geltenden Recht das Prinzip der Unfähigkeit Minderjähriger zu Schuldverträgen auch fernerhin erhalten bleibe.